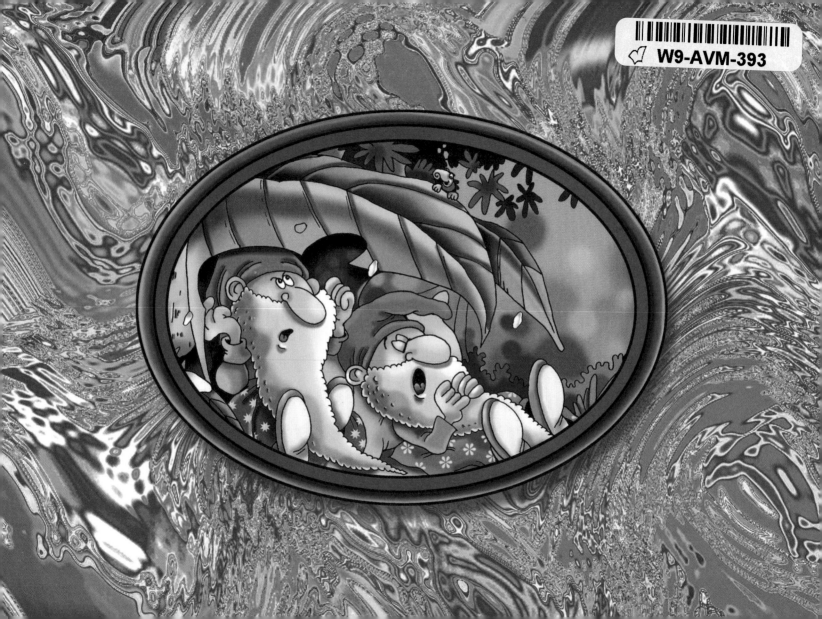

KOŁYSANKI

Ilustracje: Artur Piątek • © by Siedmioróg • ISBN 83-7254-393-3

Wydawnictwo Siedmioróg, ul. Krakowska 90, 50-427 Wrocław

Księgarnia wysyłkowa Wydawnictwa Siedmioróg: www.siedmiorog.pl • Wrocław 2005

KOŁYSANKI

ilustrował Artur Piątek

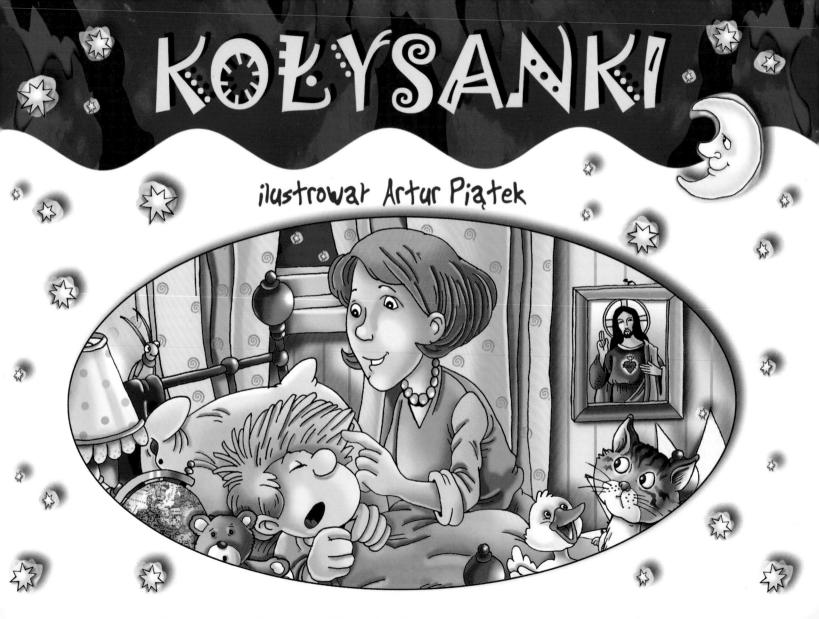

Już księżyc zgasł

Słowa i muzyka: autor nieznany

Już księżyc zgasł, zapadła noc,
Sen zmorzył mą laleczkę,
Więc oczka zmruż i zaśnij już,
Opowiem ci bajeczkę. } bis

Był sobie król, był sobie paź
I była też królewna,
Żyli wśród róż, nie znali burz,
Rzecz najzupełniej pewna. } bis

Kochał ją król, kochał ją paź,
Królewską tę dziewoję,
Królewna też kochała ich,
Kochali się we troje. } bis

Tragiczny los, okrutna śmierć
W udziale im przypadła:
Króla zjadł kot, pazia zjadł pies,
Królewnę myszka zjadła. } bis

Lecz żeby ci nie było żal,
Dziecino ma kochana:
Z cukru był król, z piernika paź,
Królewna z marcepana. } bis

4

Iskiereczka

Adaptacja wiersza Janiny Porazińskiej pt. „Bajka iskierki", współautorzy nieznani. Wersja przystosowana do śpiewania

Z popielnika, na Wojtusia
Iskiereczka mruga:
– Chodź, opowiem ci bajeczkę –
Bajka będzie długa:

Była sobie Baba Jaga,
Miała chatkę z masła,
A w tej chacie same dziwy...
Pst!... Iskierka zgasła.

Patrzy Wojtuś, patrzy, duma...
Łzą zaszły oczęta...
– Czemu żeś tak oszukała?
Wojtuś zapamięta!

Już ci nigdy nie uwierzę,
Iskiereczko mała!
Chwilę błyszczysz, potem gaśniesz!
Ot, i... bajka cała.

Dziadziuś siwy wiąże sieci,
W przedziwną mozaikę...
Strapionemu Wojtusiowi
Dalej snuje bajkę:

– Była sobie raz królewna,
Pokochała grajka!
Król wyprawił im wesele
I... skończona bajka.

Idzie niebo ciemną nocą

słowa: Ewa Szelburg-Zarembina, muzyka: Tadeusz Mayzner

Idzie niebo ciemną nocą,
Ma w fartuszku pełno gwiazd.
Gwiazdy błyszczą i migocą,
Aż wyjrzały ptaszki z gniazd.

Jak wyjrzały, zobaczyły
I nie chciały dalej spać.
Kaprysiły, grymasiły,
Żeby im po jednej dać.

Gwiazdki nie są do zabawy,
Toż by nocka była zła!
Ej! Usłyszy kot kulawy!
Cicho bądźcie!... A, a, a...

8

Idzie niebo ciemną nocą, Ma w far-
tuszku pełno gwiazd. Gwiaz-dy błysz-czą i mi-go-cą, Aż wyj-
rza-ły ptasz-ki z gniazd. Jak wyj-rza-ły, zo-ba-czy-ły I nie
chcia-ły da-lej spać. Kap-ry-si-ły, gry-ma-si-ły, Że-by
im po jed-nej dać. Gwiazd-ki nie są do za-ba-wy, Toż by
noc-ka by-ła zła! Ej! U-sły-szy kot ku-
...la wy! Ci-cho bądź-cie!... A, a, a...

9

Śpij, dziecinko

słowa: autor nieznany, melodia ludowa wg opracowania Heleny Żukowskiej

Śpij, dziecinko, śpij, w kolebusi śnij...
W sen rozkoszny, w spokój, ciszę
Niech cię anioł ukołysze.
Śpij, dziecinko, śpij!...

Śpij, aniołku, śpij, słodko sobie śnij...
Kiedy wstaniesz jutro rano,
Buzię będziesz miał rumianą.
Śpij, aniołku, śpij!...

Śpij, kochanie, śpij, sen spokojny miej...
Nim przebudzi cię jutrzenka,
Ukołysze wprzód piosenka...
Śpij, kochanie, śpij!...

10

Kołysanka

Słowa: Tomasz Kiesewetter, muzyka: Ludwik Wiszniewski

Nocy mrok tuli świat,
Pada deszcz: kap, kap, kap...
Pada deszcz, wicher dmie,
W kolebeczce nie jest źle.
Pada deszcz, wicher dmie,
W kolebeczce nie jest źle.

Pada deszcz, szumi las...
Wróci znów wiosny czas.
Śpij już, śpij!... Ucichł świat,
A deszcz pada: kap, kap, kap...
Śpij już, śpij!... Ucichł świat,
A deszcz pada: kap, kap, kap...

12

Złoty jeż

Słowa: Ewa Szelburg-Zarembina, muzyka: Lidia Gackowska

Mój mały, maleńki –
Czy ty o tym wiesz,
Że nocą – północą
Chodzi złoty jeż?

Drzew pilnuje w sadzie,
Pod jabłonią śpi,
A jak go obudzisz –
Będzie bardzo zły.

Mój mały, maleńki –
Czy ty o tym wiesz,
Że jeż ten to wcale
Nie jest żaden jeż?

To śliczny królewicz,
Co dla jakichś kar
W jeża zamieniony
Został przez zły czar!

Mój mały, maleńki –
Słuchaj moich rad:
Nie chodź nigdy nocą
W owocowy sad!

I nie szukaj jeża,
Co pod drzewem śpi,
Bo jak go obudzisz –
Będzie bardzo zły.

Słowa: Ludwik Starski, muzyka: Henryk Wars

W górze tyle gwiazd,
W dole tyle miast.
Gwiazdy miastom dają znać,
Że dzieci muszą spać!

Ach, śpij, kochanie...
Jeśli gwiazdki z nieba chcesz –
                            dostaniesz.
Czego pragniesz? Daj mi znać –
Ja ci wszystko mogę dać!
Więc dlaczego nie chcesz spać?

Ach śpij, bo nocą,
Kiedy gwiazdy się na niebie złocą,
Wszystkie dzieci, nawet złe,
Pogrążone są we śnie,
A ty jedna tylko nie.

Aaa... aaa...
Były sobie kotki dwa,
Aaa.... aaa...
Szaro-bure, szaro-bure obydwa.

Ach, śpij, bo właśnie
Księżyc ziewa i za chwilę zaśnie,
A gdy rano przyjdzie świt,
Księżycowi będzie wstyd,
Że on zasnął, a nie ty.

Aaa... aaa...

16

Kotek

Słowa: Julian Tuwim, muzyka: Witold Lutosławski

Miauczy kotek: miau...
– Coś ty, kotku, miał?
– Miałem ja miseczkę mleczka,
Teraz pusta już miseczka,
A jeszcze bym chciał.

Wzdycha kotek: O!...
– Co ci, kotku, co?
– Śniła mi się wielka rzeka,
Wielka rzeka, pełna mleka
Aż po samo dno.

Pisnął kotek: pii!...
– Pij, koteczku, pij!
Skulił ogon, zmrużył ślepie,
Śpi i we śnie mleczko chłepie...
Bo znów mu się śni.

Miau - czy ko - tek: mia - au... – Coś ty, kot - ku, mia - ał?

– Mia - łem ja mi - secz - kę mlecz - ka, Te - raz pus - ta już mi - secz - ka,

a jesz - cze bym chcia - ał, a jesz - cze bym chciał.

ARTUR PIĄTEK 2003

Śniegulinki

Słowa i muzyka: Jan Maklakiewicz

Za oknem mroźny świat,
Za oknem śnieżek spadł
I cicho, cicho trzy śniegulinki
Przywiał na szybki wiatr.

I cicho, cicho trzy śniegulinki
Przywiał na szybki wiatr.

Srebrzyście śnieżek skrzy,
Śnieżynki patrzą trzy –
Bo tam, za oknem, w złotych koralach
Zielony świerszczyk śpi...

Bo tam, za oknem, w złotych koralach
Zielony świerszczyk śpi...

Kołysanka (Małe dzieci...)

Słowa: Anna Świrszczyńska, muzyka: Maria Kaczurbina

Małe dzieci mrużą już oczka,
Małym dzieciom już chce się spać.
Już do okien zbliża się nocka,
Będzie cichutko śpiewać i grać.

Siwa chmurka po niebie płynie,
Siwy ptaszek za oknem śpi,
Siwy świerszczyk zasnął w kominie,
Zaśnij, laleczko, zaśnij i ty.

Kanon popularny

Jak to miło w wieczór bywa,
W wieczór bywa,
Kiedy dzwonek do snu wzywa,
Do snu wzywa.
Bim, bam, bim, bam,
Bim, bam.

26

27

Bajeczki śpią

Słowa: Stefania Grodzieńska, muzyka: Jan Markowski

Syneczku mały,
Już zasnął nawet twój pluszowy miś,
A ty wieczór cały bajeczek słuchałbyś.
Syneczku mały,
Już trzeba bajkom spokój dać!
Bajki się zmęczyły, bajki poszły spać.

W lesie ciemno już,
Jaś z Małgosią śpią...
I kot w butach zasnął też,
Buty przedtem zdjął.
Zasnął Głupi Jaś
Ze swym bratem złym,
Śpi księżniczka i jej paź
W złotym zamku swym.

Śpią już w lesie krasnoludki,
Las cichutko śpi...
I Kapturek śpi malutki,
Babcia śpi i wilk.
Zbójców zmorzył sen
I królewna śpi...
W szklanej grocie leży, hen!
O łóżeczku śni...

A jutro rano
Bajeczki zbudzą się ze swoich snów
I z radością wstaną,
By dzieciom służyć znów.
Powrócą nie raz,
Przyniosą nowych cudów moc!
Ale już nie teraz, bo już ciemna noc.

Kołysanka-pacierz

Słowa i muzyka: autor nieznany

Dobranoc Ci, Boziu!...
Ja już idę spać,
Bo jutro raniutko
Rześki muszę wstać.

Spokojnie i zdrowo
Pozwól przespać noc...
Dobranoc Ci, Boziu!...
Dobranoc... Dobranoc!

Do - bra - noc Ci, Bo - ziu!... Ja już i - dę spać, Bo ju - tro ra -
niut - ko Rześ - ki mu - szę wstać. Spo - koj - nie i zdro - wo Po - zwól prze - spać
noc... Do - bra - noc Ci, Bo - ziu!... Do - bra - noc... Do - bra - noc!

Kiedy byłem maleńki...

Słowa i muzyka: autor nieznany

Kiedy byłem maleńki,
To nad moją kołyską
Całe noce mamusia
Pochylała się nisko.
Całe noce mamusia
Pochylała się nisko.

Ona dla mnie się trudzi,
Zawsze troszczy się o mnie,
Więc ja moją mamusię
Kocham, kocham ogromnie!
Więc ja moją mamusię
Kocham, kocham ogromnie!

Kołysanka morska

Słowa i muzyka: A. Wiktorski

Za oknem ciemno, czas już spać!
Bandera opuszcza maszt.
Bałtyku fale dają znać –
Więc uśnij, dziecino ma.

Gdy okręt na falach powraca z dala,
Syreną wita ojczysty ląd...
A jutro ciebie, słonko na niebie,
Obudzi, dalej mknąć.

O, śpij, maleńki, trzeba spać!
Już księżyc wyszedł zza mórz –
Bałtyku fale dają znać:
Dobranoc! Oczęta zmruż!...

Już skryła się mewa, księżyc poziewa...
Ucichły gwary, wszystko już śpi –
Nawet trałowiec i torpedowiec –
Uśnij więc też i ty!

Po ciężkim trudzie, skwarnym dniu,
Marynarz także już śpi.
Kołyszą fale go do snu...
Więc uśnij również i ty!

Już zamknij oczęta, lecz zapamiętaj:
Na wachcie jeszcze niejeden z nich,
Choć w ciężkim znoju – strzeże spokoju!
Więc lulaj, lulaj mi...

Dobranoc

Słowa: Wincenty Pol, muzyka: Jan Brahms

Dobranoc! Dobranoc!
Już gwiazdek lśni moc
I księżyc zaszedł już,
Zmruż oczęta, zmruż.
Jutro znów w ranny brzask
Zbudzi cię słońca blask. } bis

Śpij, dziecino, już śpij!
Urocze sny miej.
Strzeże cię anioł stróż,
Śpij, dziecino, już.
Nie uśmiechaj się, nie,
Lecz zmruż oczęta swe. } bis

Dobranoc! Dobranoc!
Niech złego ci moc
Nie przerwie twoich snów.
Zbudź się wesół, zdrów.
Usta z róż w uśmiech złóż,
Matce twej szczęście wróż! } bis

Do-bra-noc! Do-bra-noc! Ju-uż gwiaz-dek lśni
mo-oc l-i księ-życ za-szedł już, Zmru-uż o-o-czę-ta, zmruż. Jut-ro
znów w ran-ny brzask Zbu-dzi cię słoń-ca blask. Jut-ro
znów w ran-ny brzask Zbu-dzi cię słoń-ca blask.

Śpij, siostrzyczko...

Słowa i muzyka: Helena Bojarska

Śpij, siostrzyczko moja mała,
Czas na ciebie już.
Ja cię będę kołysała,
A ty oczka zmruż.
Ja cię będę kołysała,
A ty oczka zmruż.

Luli, luli, już słoneczko
Pożegnało dzień.
Noc nadchodzi, kochaneczko,
Wszędzie mrok i cień.
Noc nadchodzi, kochaneczko,
Wszędzie mrok i cień.

Śpij spokojnie, luli, luli...
Śpij bez żadnych trwóg.
Tu siostrzyczka cię utuli,
A nad tobą – Bóg.
Tu siostrzyczka cię utuli,
A nad tobą – Bóg.

A... a... aaa...

Słowa: Stanisława Bogusz, muzyka: Lidia Gackowska

A... a... aaa...
Były sobie kotki dwa.
A... a... aaa...
Szare, bure obydwa.

Nic nikomu nie mówiły,
Tylko córunię bawiły.
A... a... aaa...
Były sobie kotki dwa.
A... a... aaa...
Szare, bure obydwa.

Kołysanka dla braciszka

Słowa: Czesław Kałkusiński muzyka: Henryk Fajt

Na niebie jasny księżyc,
A w górze – milion gwiazd.
Zaczarowana bajka,
Zaczarowany świat.

Gdzieś w samym sercu kniei
W sen twardy zapadł miś.
Zasnęły krasnoludki,
Jaś i Małgosia śpi.

Lecą śnieżynki małe,
Jak srebrny gwiezdny pył,
A wkoło biało, biało –
Welony śnieżnej mgły...

Wnet zaśnie księżyc blady –
Różowy wstanie świt.
Zasnęły krasnoludki –
Śpij, mój braciszku, śpij...

Pa - nie Ja - nie, Pa - nie Ja - nie, Po - ra wstać, po - ra wstać,

Wszyst - kie dzwo - ny bi - ją, Wszyst - kie dzwo - ny bi - ją, Bim, bam, bom... Bim, bam, bom...

Kołysanki: